AF335998

ENTRÉE TRIOMPHALE

DE S. A. R. MONSEIGNEUR LE DUC D'ANGOULEME,

GÉNÉRALISSIME DE L'ARMÉE DES PYRÉNÉES.

ENTRÉE TRIOMPHALE

DE S. A. R. MONSEIGNEUR LE DUC D'ANGOULEME,

GÉNÉRALISSIME DE L'ARMÉE DES PYRÉNÉES:

Gravures au trait du Bas-relief sculpté d'après les ordres de M. le comte de Chabrol de Volvic, Conseiller-d'état, Préfet de la Seine, pour orner l'une des salles de l'Hôtel-de-Ville, avec les deux Vues perspectives des Décors exécutés à l'occasion des fêtes données par la Ville à S. A. R. Monseigneur le Dauphin, lors de son retour à Paris, après sa glorieuse campagne d'Espagne.

OUVRAGE DÉDIÉ A S. A. R. MADAME LA DAUPHINE.

Par L. LAFITTE, premier Dessinateur du cabinet du Roi, membre de l'ordre royal de la Légion-d'Honneur, auteur des Dessins sur lesquels ont été exécutés le Bas-relief et les Décors de la Barrière de l'Étoile et de la place de l'Hôtel-de-Ville.

GRAVÉ PAR NORMAND FILS.

A PARIS,

Chez
- L. Lafitte, Palais des Arts, vis-à-vis le Pont.
- Firmin Didot Père et Fils, Libraires, rue Jacob, n° 24.
- Bance aîné, Marchand d'Estampes, rue St-Denis, n° 214.
- Mme Vve Lenoir, Marchande d'Estampes, quai Malaquais, n° 5.

IMPRIMERIE DE FIRMIN DIDOT, IMPRIMEUR DU ROI, RUE JACOB, N° 24.

MDCCCXXV.

A S. A. R. MADAME LA DAUPHINE.

MADAME,

Votre Altesse Royale a daigné honorer d'un regard d'intérét mes efforts pour retracer une partie des hommages adressés par la ville de Paris à Monseigneur le Dauphin. Qu'il me soit permis de mettre mon Ouvrage aux pieds de l'auguste compagne du Prince à qui l'amour de la France et l'admiration de l'Europe paient un juste tribut de reconnaissance : elle y verra son époux entouré de guerriers long-temps familiers avec la victoire, qu'il a rendue humaine et libératrice; elle y contemplera le triomphe modeste du vainqueur, qui, le seul peut-être après le grand et bon Henri, son illustre aïeul, a vu saluer ses conquêtes par les bénédictions des peuples conquis; elle y trouvera une image faible, mais fidèle, de la gloire neuve et pure dans laquelle la France entière aime à confondre deux augustes époux, dont le lien sacré est affermi par l'accord des mêmes sentiments et des mêmes vertus.

Je suis,

MADAME,

avec le plus profond respect,

DE VOTRE ALTESSE ROYALE,

le très-humble et très-obéissant serviteur,

LAFITTE,

PEINTRE D'HISTOIRE, PREMIER DESSINATEUR DU CABINET DU ROI,
MEMBRE DE L'ORDRE ROYAL DE LA LÉGION-D'HONNEUR.

ENTRÉE TRIOMPHALE

DE S. A. R. MONSEIGNEUR LE DUC D'ANGOULÊME,

DANS PARIS,

A son retour de la campagne d'Espagne.

MOTIF DE L'OUVRAGE, DESCRIPTION DES PLANCHES.

En 1823, des fêtes furent données à S. A. R. Monseigneur le Duc d'Angoulême par la ville de Paris, pour sa rentrée en France, après la campagne d'Espagne. Feu Monsieur L. Lafitte, premier Dessinateur du Cabinet du Roi, fut chargé par M. le comte de Chabrol, préfet du Département de la Seine, de composer un bas-relief devant décorer une des salles de l'Hôtel-de-Ville, dite salle du Café. Le programme donné demandait la marche triomphale de l'armée, au milieu de laquelle on devait voir le prince généralissime.

Les sculpteurs qui furent chargés de l'exécution de ce bas-relief sont MM. Valois, Laitié, Raggi, David, Bra, Roman, Petitot, Debay, Cortot, Caillouette, Lebœuf, Nanteuil et Ramey fils.

TABLE.

FRONTISPICE. — PLANCHE PREMIÈRE.

La ville de Paris, tenant d'une main un caducé, symbole du commerce, tient de l'autre une couronne qu'elle destine au prince. Elle est entourée des génies des sciences, des arts et de l'industrie. De l'autre côté, la victoire écrit sur un bouclier que lui présentent des enfans, ces mots : L'ARMÉE FRANÇAISE A SON GÉNÉRAL LE DUC D'ANGOULÊME. Dans le fond, un arc de triomphe et l'Hôtel des Invalides indiquent les récompenses réservées à nos soldats.

PLANCHE II.

Tête du cortège faisant halte devant les Tuileries.

Une femme, la tête surmontée d'une couronne royale, s'appuie sur un bouclier aux armes de France; les attributs qu'elle tient servent à indiquer que Paris est le siége de la royauté; la Garde Nationale est placée près d'elle; des chasseurs de la Garde Royale annoncent le cortège.

PLANCHE III.

Artillerie et train de la Garde.

L'artillerie de la Garde est ici représentée par un canon attelé de quatre chevaux; des lauriers placés çà et là disent assez la part glorieuse qu'a prise cette arme dans cette campagne; un trophée au milieu duquel est attaché un bouclier, rappelle, par son inscription, le passage de la Bidassoa.

PLANCHE IV.

Tambours et musique de la Garde.

Un tambour-major, des tambours et des musiciens composent cette partie du bas-relief. C'était ici le cas de rappeler, comme on l'a fait, la prise de Logrono.

PLANCHE V.

Colonel du 1er. corps d'infanterie de la Garde.

Cette planche se compose de la suite de la précédente : un colonel à cheval indique avec son épée la ville de Paris, vers laquelle l'armée se dirige.

PLANCHE VI.

Suite du 1er. corps d'infanterie. — Lanciers de la Garde.

Le drapeau de la Garde-Royale est ici entouré de vieux et de jeunes soldats, idée heureuse qui rappelle l'union qui a régné entre l'ancienne et la nouvelle armée. Sur une colonne aux armes de France, on lit : *Prise de Lorca.* (Commencement des lanciers de la Garde.)

PLANCHE VII.

Garde-du-Corps. — Première partie.

Cette planche est composée de la suite des Lanciers et de la musique des Gardes-du-Corps.

PLANCHE VIII.

Garde-du-Corps. — Deuxième partie.

Les Gardes-du-Corps passent devant la Chambre des Députés; un trophée militaire est placé à la tête du pont; sur le premier plan est une partie de la figure de la Seine.

PLANCHE IX.

S. A. R. Monseigneur le duc d'Angoulême.

La figure allégorique placée sur le premier plan de cette composition et près du buste de Louis XVIII, semble contempler les hommages rendus au prince généralissime par les habitans de Paris.

PLANCHE X.

État-Major.

Sur la planche précédente nous avons vu le prince généralissime recevant les félicitations des habitans de Paris; celle-ci se compose du brillant État-Major qui l'accompagnait à son entrée dans la capitale : il est composé des maréchaux duc de Reggio, duc de Raguse et marquis de Lauriston, les généraux Bordesoulle, de Béthisy, de la Roche-Jacquelin et de Guiche.

PLANCHE XI.

Colonel de la Garde.

Le colonel de la Garde-Royale est précédé des tambours, qui semblent attendre l'ordre que cet officier va leur transmettre. Sur le trophée à droite est inscrit le combat de Mirabeté.

PLANCHE XII.

Garde et Marine Royales.

Ce bas-relief a pour milieu un trophée maritime, sur lequel se trouve cette inscription : *Port Sainte-Marie.* Un groupe d'officier de cette arme, placé auprès, indique la part active qu'a prise notre marine à la délivrance du roi d'Espagne. Ici finit le cortège du prince.

PLANCHE XIII.

Arrivée de l'armée sous l'arc-de-triomphe de l'Étoile.

L'arc-de-triomphe est le but principal de cette composition. Des habitans de toutes les classes offrent à l'armée, qui passe sous l'arc-de-triomphe, des palmes et des branches de lauriers.

PLANCHE XIV.

Cuirassiers de la Garde.

Les Cuirassiers de la Garde composent cette planche; au milieu d'eux est une colonne portant un écusson sur lequel est écrit : *Combat de Castel-Tresol;* de l'autre côté, un trophée rappelle la prise du *fort Santi-Petri.* Sur cette planche commence la tête des bagages.

PLANCHE XV.

Bagages partant d'Espagne.

Un fourgon chargé de bagages et de soldats blessés, une vivandière montée sur un mulet, concourent à la composition de cette partie du bas-relief; l'exactitude des costumes, le goût avec lequel ils sont ajustés, fait de ce sujet une chose remarquable.

PLANCHE XVI.

L'armée française quitte l'Espagne.

La figure représentant la ville de Madrid occupe le premier plan de cette composition. Des militaires français reçoivent des Espagnols des remercîmens et des protestations d'amitié; une jeune femme, aidée d'un jeune enfant, leur distribue des provisions. Dans le fond l'on voit un vaisseau aux armes de France.

PLANCHES XVII, XVIII, XIX, XX.

Trophées.

Ces trophées, au nombre de quatre, ont été placés devant l'Hôtel-de-Ville et se liaient à la décoration de la place, lors des fêtes données par la ville à S. A. R. Monseigneur le duc d'Angoulême. Le premier de ces trophées, planche 17, est dédié à la valeur militaire; celui planche 18 aux arts; planche 19 aux sciences; planche 20 à la marine.

PLANCHE XXI.

Colonne rostrale.

Cette colonne, par les attributs qui la composent, rappelle un des titres du prince généralissime, celui de grand amiral de France; un piédestal, sur lequel est un trophée militaire, en fait la base; son chapiteau est surmonté d'une renommée tenant une palme et une couronne. Deux de ces colonnes étaient placées à droite et à gauche de la tente élevée à la barrière de l'Étoile.

PLANCHE XXII.

Détail du grand trophée militaire placé au bas de la colonne rostrale.

PLANCHE XXIII ET DERNIÈRE.

Entrée de S. A. R. Monseigneur le duc d'Angoulême à Paris, le 2 décembre 1823.

A la barrière de l'Étoile, une tente, surmontée de deux figures soutenant les armes de France, avait été dressée; deux colonnes rostrales, dédiées à S. A. R., étaient aux deux côtés; des écussons entourés de drapeaux, formant trophées, étaient placés de distance en distance sur la grille de la barrière; sur ces écussons on avait tracé les faits les plus mémorables de la campagne d'Espagne.

L'École polytechnique, dont le prince est le protecteur, formait la haie. S. A. R. fit son entrée au milieu d'un brillant état-major; elle fut saluée d'acclamations universelles. Le grand-maître des cérémonies de France présenta à Monseigneur le duc d'Angoulême le corps municipal de la ville de Paris, ayant à sa tête M. le comte de Chabrol, préfet du département de la Seine.

Le moment que représente cette planche est celui où le prince, après avoir été complimenté par le corps municipal, fait son entrée dans la ville de Paris.

FÊTES DONNÉES PAR LA VILLE DE PARIS
A S. A. R. MONSEIGNEUR LE DAUPHIN
A SON RETOUR D'ESPAGNE
DÉCEMBRE MDCCCXXIII.
LUTETIA

TÊTE DU CORTÈGE FAISANT HALTE DEVANT LE CHATEAU DES TUILERIES

ARTILLERIE ET TRAIN DE LA GARDE

TAMBOURS ET MUSIQUE DE LA GARDE

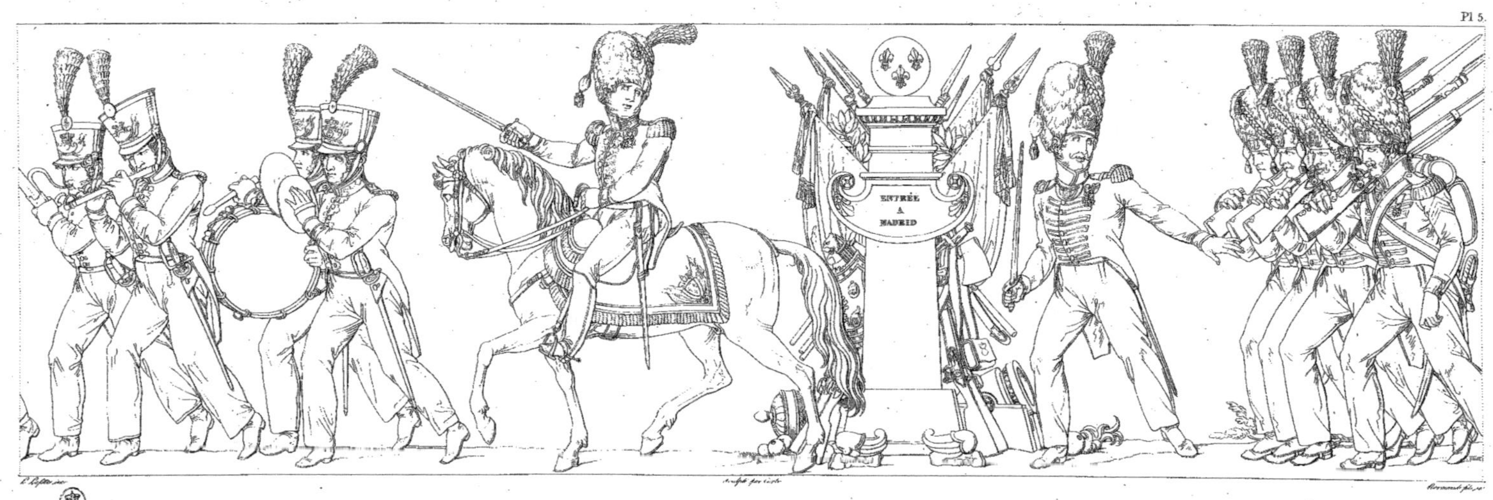

COLONEL DU 1ᴿ CORPS D'INFANTERIE DE LA GARDE

SUITE DU 1ᴿᴱ CORPS D'INFANTERIE. LANCIERS DE LA GARDE.

GARDES DU CORPS 1RE PARTIE

GARDE DU CORPS IIme PARTIE

S. A. R. MONSEIGNEUR LE DUC D'ANGOULÊME.

Pl. 10.
PRISE DE TROCADERO.
ETAT MAJOR.

COLONEL DU 1er CORPS DE LA GARDE.

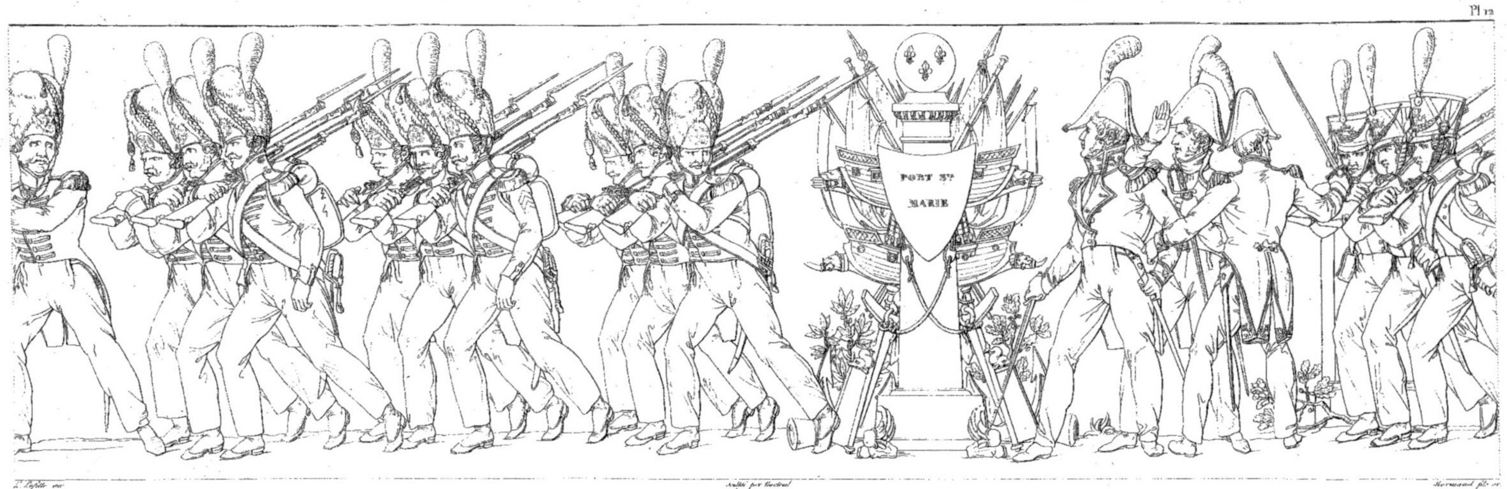

GARDE ET MARINE ROYALE

P. Lafitte inv.   Sculpté par Bardoué et Ramey fils   Reveil fils sc.

ARRIVÉE DE L'ARMÉE SOUS L'ARC DE TRIOMPHE DE L'ÉTOILE (COLONEL DES CUIRASSIERS)

COMBAT
DE
CASTEL-FRANCO
PRISE
DU FORT
SANTI-PETRI
Sculpté par Rouget
CUIRASSIERS DE LA GARDE

BAGAGES PARTANT D'ESPAGNE

L'ARMÉE FRANÇAISE QUITTE L'ESPAGNE.

BAGAGES PARTANT D'ESPAGNE

L'ARMÉE FRANÇAISE QUITTE L'ESPAGNE

A
LA VALEUR MILITAIRE

JEAN GOUJON
N. POUSSIN
AUX ARTS.

AUX SCIENCES

A LA MARINE

COLONNE ROSTRALE

TROPHÉE MILITAIRE PLACÉ AU BAS DE LA COLONNE ROSTRALE

ENTRÉE À PARIS DE S.A.R. Mgr LE DUC D'ANGOULÊME

Le 2 Décembre 1823.